8° Z
LE SENNE
6776

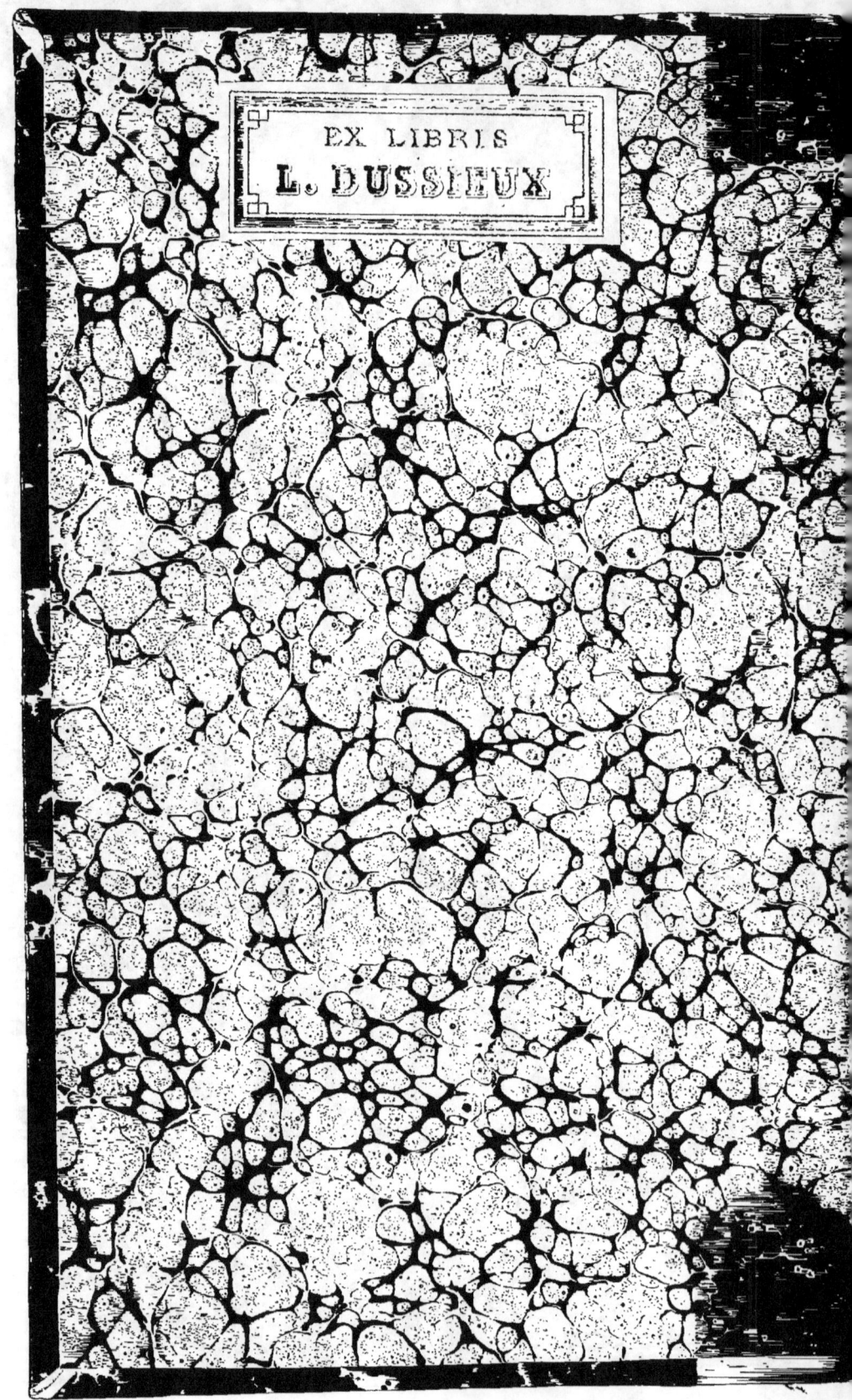

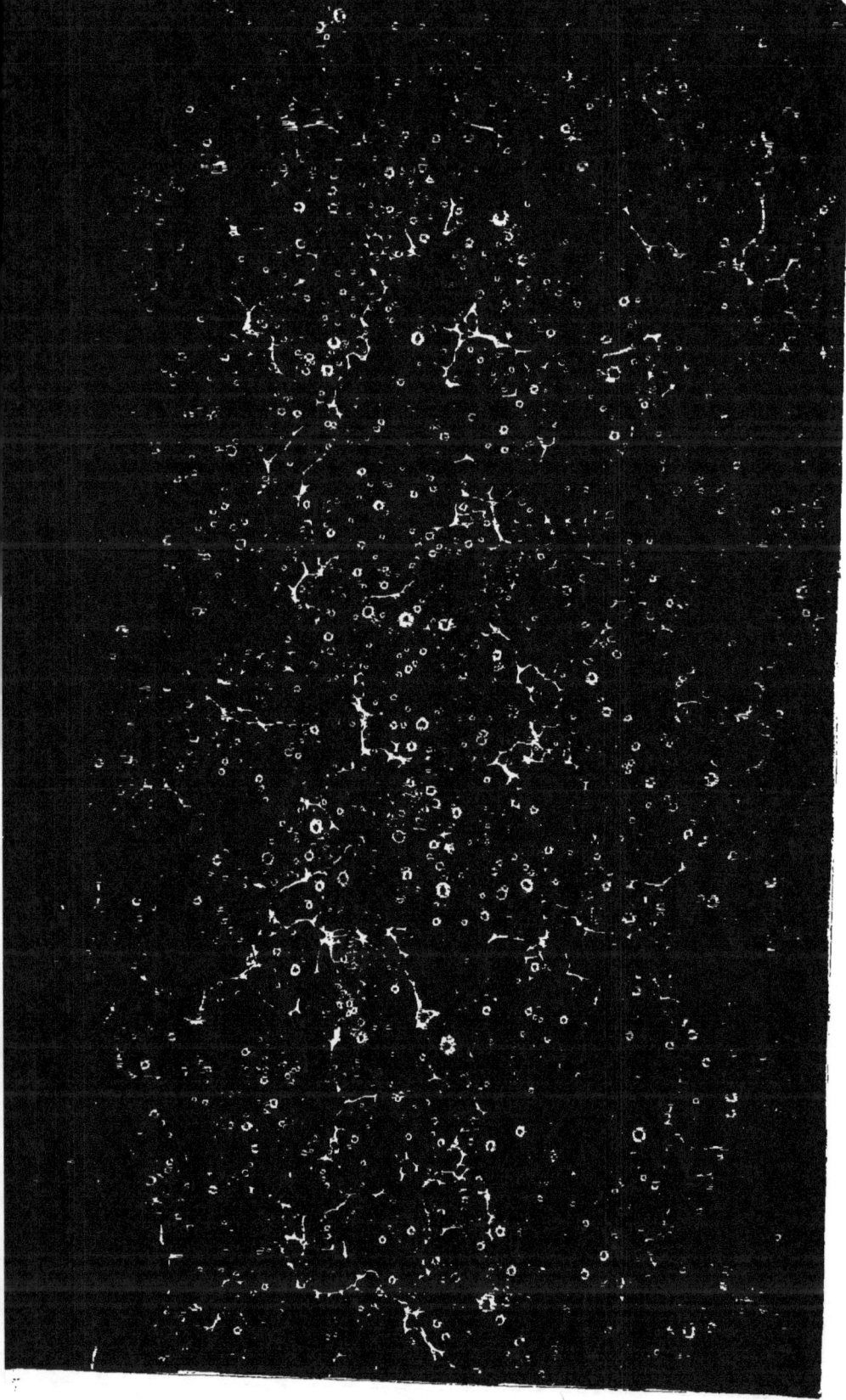

# LA CENTENAIRE
## DE MOLIERE,
### COMÉDIE.

# LA CENTENAIRE
## DE MOLIERE,
### COMÉDIE

EN UN ACTE, EN VERS ET EN PROSE;
Suivie d'un Divertissement relatif à
l'Apothéose de MOLIERE :
PAR M. ARTAUD;
Représentée pour la première fois par les
Comédiens François Ordinaires du Roi,
à Paris, le Jeudi 18 Février 1773.
ET A VERSAILLES,
Devant SA MAJESTÉ, le Mardi 3 Mars 1773.

Le prix est de 24 sols.

### A PARIS,

Chez la Veuve DUCHESNE, Libraire, rue Saint-Jacques,
au-dessous de la Fontaine S.-Benoît, au Temple du Goût.

### M. DCC. LXXIII.
*Avec Approbation & Privilége du Roi.*

# ÉPITRE DÉDICATOIRE,

## A MONSEIGNEUR

Emmanuel-Félicité de Durfort Duras, Duc de DURAS, Pair de France, Prince de Bournonville, Chevalier des Ordres du Roi, & de la Toison d'Or, Lieutenant-Général des Armées de Sa Majesté, Premier Gentilhomme de la Chambre, Gouverneur, pour le Roi, du Comté de Bourgogne, Gouverneur Particulier des Ville & Citadelle de Besançon, &c.

*Monseigneur,*

*En me permettant de vous offrir ce léger hommage, vous*

## ÉPITRE DÉDICATOIRE.

hasardiez beaucoup, si je n'avois sçu combien vous haïssez la louange, & que l'Histoire ne prend jamais ses matériaux dans les Epitres Dédicatoires. Il faut donc que je me borne à vous présenter ici les assurances de mon respectueux attachement, & de ma reconnoissance, sans en détailler les motifs. Partout où vous êtes connu, ces sentimens ne peuvent manquer de me faire un honneur infini.

Je suis avec respect,

MONSEIGNEUR,

Votre Très-humble, & très-obéissant Serviteur, ARTAUD.

# PERSONNAGES.

| | |
|---|---|
| THALIE. | Mde. Bellecour. |
| MOMUS. | M. Dugazon. |
| SOSIE. | M. Préville. |
| LÉLIE ou L'ÉTOURDI. | M. Molé. |
| TARTUFFE. | M. Augé. |
| HARPAGON. | M. Des Essarts. |
| TRISSOTIN. | M. Dauberval. |
| ALCESTE. | M. Bellecour. |
| M. JOURDAIN. | M. Feulie. |
| GEORGE DANDIN. | M. Bouret. |
| ANGÉLIQUE, sa femme. | Mlle. Hus. |
| CLITANDRE, son Amant. | M. Monvel. |
| Mde. PERNELLE. | Mme. Drouin. |
| CLAUDINE. | Mlle. Fannier. |

## PERSONNAGES.

M. LE KAIN.
M. BRIZARD.
Mlle. DUMESNIL.
Mde. VESTRIS.
Mlle. St.-VAL.
Mlle. St.-VAL, la jeune.
Mlle. RAUCOURT;

*Et les autres Personnages des Pièces de Molière.*

# LA CENTENAIRE
## DE MOLIERE,
## COMÉDIE.

## SCENE PREMIERE.

THALIE, *déguisée en nuit* ; MOMUS, *en Médecin.*

### MOMUS.

DE mon déguisement, que dites-vous, Thalie ?
### THALIE.
Et vous du mien, Momus, que pensez-vous ?
### MOMUS.
Qu'on dira que nous sommes foux,
De voyager ainsi de compagnie.
Vous en Nuit !

A

## LA CENTENAIRE,

THALIE, *riant.*

Vous en Médecin !
Non, de cette plaisanterie,
D'honneur je ne vois pas le fin.

MOMUS.

Que voulez-vous ? Chacun a sa méthode ;
Moi, pour tromper le genre humain,
Je crois que cet habit sera toujours de mode.

THALIE.

Eh ! non. Je l'en ai corrigé.

MOMUS, *en confidence.*

Vous n'avez corrigé personne,
C'est un avis que je vous donne ;
Et si quelque chose est changé,
Ce n'est pas l'humaine folie ;
Mais vous, par exemple, Thalie,
Est-ce un habit de goût que ce déguisement ?

THALIE.

Comme le vôtre, assurément.

MOMUS.

Avec tout cela, je parie
Qu'on vous devinera plus aisément que moi.

THALIE.

Voudrez-vous bien me dire à quoi ?

MOMUS, *avec humeur.*

Non, non ; il ne faut pas nous moquer l'un de l'autre.
Sur la diversité des goûts,
Des Dieux & des Auteurs, tant de sots sont jaloux

Que, si l'on rit du mien, on sifflera le vôtre.

### THALIE.

Mon cher Momus, en prenant de l'humeur,
 Vous gâtez votre caractère ;
 Oui, vous devenez raisonneur :
 Mon amitié ne peut le taire ;
Et cependant à l'instant nous disions
 Moi, vous, & notre ami Moliere,
Que, lorsque de la sorte on se met en colere,
On fait croire qu'on a de mauvaises raisons.

### MOMUS.

 Contre des Dieux tels que nous sommes
 La meilleure épigramme a tort,
 Et les ridicules des hommes
 Sont les seuls de votre ressort.

### THALIE.

 D'accord. Mais vous me faites rire
 Avec de semblables propos ;
Et depuis quand le Dieu de la Satyre
 Parle-t-il morale & grands mots ?

### MOMUS.

 Depuis que je suis en voyage.
 Ici-bas, à ce qu'on m'a dit,
 Pour les bien connoître, il est sage
De se monter au ton des gens chez qui l'on vit.

### THALIE.

 Vous voilà bien. L'inconséquence
 Est toujours de votre côté ;
 Car enfin nous sommes en France,

# LA CENTENAIRE,

C'est le pays de la gaieté,
Et je ne vois pas, quand j'y pense,
Le mot pour rire à cette gravité.

MOMUS.

Depuis que vous l'avez quitté.

THALIE.

Cent ans ! c'est une bagatelle.

MOMUS.

Oui pour vous, pour une Immortelle ;
Mais aux François, ainsi qu'à la beauté,
Dix ans font quelquefois une perte cruelle.

THALIE.

Vous m'effrayez... Est-ce qu'on ne rit plus ?

MOMUS.

De vous répondre là-dessus
De grace épargnez-moi la peine ;
Ainsi que moi, vous voilà sur la scène.
Voyez ; & supprimons des détails superflus.
Songeons d'abord qu'il faut faire un myftere
De notre venue en ces lieux ;
Que Jupiter, preffé du défir curieux
De fçavoir fi toujours Moliere
Plaît ici bas comme il charme les Dieux,
Nous envoye exprès fur la scène,
Au jour précis des cent ans révolus :
Qu'imaginez-vous là-dessus ?

THALIE.

Je n'imagine rien ; car je fuis très-certaine

# COMÉDIE.

Que du Public jamais il ne fut plus fêté,
 Ni par mes Acteurs mieux traité.

### MOMUS.

Moi, je soupçonne, en vérité,
Que Jupiter va faire la folie
De l'aggréger à l'immortalité.

### THALIE.

N'est-elle pas toujours un droit pour le génie?
En seriez-vous jaloux?

### MOMUS.

Oui, si parmi les Dieux
Nous connoissions les humaines miseres;
Mais enfin nous venons chercher des caracteres,
 Et, pour vous aider de mon mieux,
Je crois que cet habit fera bien à la chose.

### THALIE.

Comment donc?

### MOMUS.

Je serois surpris
Si par le choix heureux de ma métamorphose
 Nous n'attirions pas tout Paris.

### THALIE.

Vous croyez donc la charlatanerie
 Une chose bien rare?

### MOMUS.

Non.

### THALIE.

Expliquez-moi donc, je vous prie,

## LA CENTENAIRE,

Comment par cet habit vous croyez tout de bon
Faire accourir des gens de toutes les espèces.

### MOMUS.

Outre l'habit, je fais répandre des adresses.

### THALIE.

Tout le monde en est regorgé.

### MOMUS.

J'en conviens : mais point corrigé.
Les miennes sont d'ailleurs si subtilement faites,
Que je veux en trois jours tourner toutes les têtes.
Ecoutez. *Consultations,
Blanc éternel, vrais cosmétiques,
Essences, préparations ;
Secrets inconnus, alchymiques :*
Et pour mieux appeler les Grands & les Petits,
J'ai mis un mot divin.

### THALIE.

Et ce mot, c'est ?

### MOMUS.

*Gratis.*

On ne me prendra pas, je crois, cet artifice.

### THALIE.

Oh ! je ne doute plus que tout ne réussisse.

### MOMUS.

L'un y viendra par avarice.

### THALIE.

Un autre, ce sera par curiosité.

# COMÉDIE.

**MOMUS.**

Oui, tout Paris fera des nôtres.

**THALIE.**

Vous oubliez la nouveauté :
Dans le pays de la frivolité,
Ce motif seul vaut tous les autres.
Les avez-vous déja vos imprimés ?

**MOMUS.**

Oui ; dedans sont bien exprimés
Cent secrets différens, des cures incurables
De noms qualifiés, de gens bien introuvables.

**THALIE.**

N'oubliez pas sur-tout le Pont-Neuf, les Caffés,
Ni les portes des Promenades.

**MOMUS.**

Je vous en garantis tous les sots bien coëffés,
Tant je connois à fond cet art des embuscades.

**THALIE.**

Comme les Médecins vont en être étonnés !

**MOMUS.**

Ils auront tous un pied de nez ;
Je ne tuerai pas mes malades.

( *Il sort.* )

LA CENTENAIRE,

## SCENE II.
### THALIE, *seule.*

IL est railleur ce Dieu Momus,
  Et quelque légère nuance
Aura suffi sans doute à ses yeux prévenus,
   Pour m'annoncer qu'on ne rit plus
   Dans mon charmant pays de France.
Non, non : j'en crois peu ses discours.
Ah ! si mes chers François, que j'aimerai toujours,
De leurs tristes voisins avoient pris la manie,
   Je dois voler à leur secours ;
  Et c'est un trait bien digne de Thalie
Que de les rappeller à l'aimable folie,
  Qui fut pour eux l'époque des beaux jours.
   ( *On entend Sosie qui chante.* )
  J'entends du bruit ; tâchons de nous contraindre ;
  Ce voile-ci va cacher mes efforts :
   ( *Elle met un voile.* )
   Si je vois que l'on m'aime, alors
   Il ne sera plus temps de feindre.

# COMÉDIE.

## SCENE III.

THALIE; SOSIE: *il entre en chantant, sa Lanterne à la main.*

#### THALIE.

EH! te voilà, mon cher ami Sosie?

#### SOSIE.

Qui? moi, votre ami! quelque sot!
De cette amitié-là ne croyez pas un mot;
Et ça pour raison, je vous prie.

#### THALIE.

Toujours ta brusque répartie....

SOSIE, *examinant avec sa lanterne.*

N'êtes-vous pas la Nuit?

#### THALIE.

Et quand cela seroit?

#### SOSIE.

Certains coups de bâton dont vous fûtes la cause...

#### THALIE.

Ce n'est rien, va.

#### SOSIE.

Peut-être il me faudroit
Vous dire encor grand merci de la chose.
De me louer de vous, oui, sans doute, j'ai lieu.

Que ne me dites-vous aussi, comme Mercure,
Que les coups de bâton d'un Dieu
Font honneur à qui les endure?

THALIE.

Je ne dis pas cela; mais de ce déplaisir,
Dont tu dois tirer peu de gloire,
Faut-il toujours t'entretenir?

SOSIE.

Je tâche en vain d'en perdre la mémoire,
Et ce n'est pas faute de boire,
Que j'en garde le souvenir.

THALIE.

Le voilà bien, le cher Sosie;
Toujours gai, toujours mon ami.

SOSIE.

Quand vous me cageolez ainsi,
Je le vois, vous avez envie
Que je vous serve en tout ceci.
Je gage de nouveau, pour tromper un mari,
Que quelqu'ordre secret ici bas vous ramène.

THALIE.

Mais en ce cas quel seroit ton souci?

SOSIE.

C'est que depuis le temps qu'on vous vit sur la scène,
Tout est bien changé là-dessus;
Les maris ne se fâchent plus,
Et les femmes ont moins de peine.

THALIE.

J'entends; les mœurs....

## COMÉDIE.

**SOSIE.**

Vous m'étonnez.
Je pensois que de ces affaires
Vous ne vous embarrassiez guères,
Et que vos soins étoient toujours bornés
A présider tout bas aux amoureux mystères.

**THALIE.**

Si tu me connoissois !...

**SOSIE,** *à part.*

Ah ! voici le Roman,
Femme de qui la vertu cloche
En a toujours un dans la poche
Pour accrocher ou duper un amant.

**THALIE.**

Pour revenir à mon histoire,
Je suis veuve.

**SOSIE.**

Depuis long-tems ?

**THALIE.**

Tu ne me voudras jamais croire,
Si je te dis que c'est depuis cent ans.

**SOSIE.**

Va pour cent ans, je vous les passe ;
Mais aussi faites-moi la grace
De ne pas vous appercevoir
Si je m'endors sans vous dire bon soir.

**THALIE.**

Tu crois donc que je fais un conte ?

## LA CENTENAIRE,

SOSIE.

Et quand cela seroit, je ne m'en plaindrois pas.
D'un conte, s'il est gai, je fais assez de cas;
Et je vous avouerai sans honte,
Que j'aime encor à rire quelquefois,
Quoique le rire soit bourgeois.
Il faut se mesurer justement à sa toise.

THALIE.

A chaque mot, si tu me cherches noise,
Je ne finirai pas.

SOSIE.

Continuez.

THALIE, *lentement.*

L'Époux
Que m'enleva le sort jaloux
Dans le brillant de sa noble carrière....

SOSIE.

Après ?

THALIE.

Il s'appelloit.

SOSIE.

Eh ! bien, comment ?

THALIE.

MOLIERE.

SOSIE.

Quoi ! Molière ? Que dites-vous ?

THALIE.

Rien que de vrai.

# COMÉDIE.

SOSIE.

Vous êtes donc Thalie ?

THALIE.

Oui.

SOSIE.

Levez ce voile.

THALIE, ôtant son voile.

Tiens, vois.

SOSIE.

A cette mine réjouie,
Qui ne reconnoîtroit ?.... Permettez que Sofie
Dans son transport, vous embrasse une fois.

THALIE.

Soit.

SOSIE, *jettant sa lanterne.*

Eh ! ma lanterne. Deux ?

THALIE.

Trois.

SOSIE, *après s'être livré à toute sa joie, laisse tomber ses bras, & dit en soupirant:*

Oh ! comme c'est touchant, une reconnoissance !
Me voilà prêt à pleurer de plaisir.

THALIE.

Pleurer ! Fi, quelle extravagance !
Toi qui dis que ton seul desir
Est de m'accompagner sans cesse.

SOSIE.

J'aurois grand tort, je le confesse ;

D'aller pleurnicher près de vous.
Non, des symboles de tristesse
Ne doivent point gâter des passe-tems si doux.

### THALIE.

Suis-je encore ton ennemie?

### SOSIE.

Comblé de vos faveurs, ô divine Thalie,
Je n'ai plus d'ennemis; mais j'aurai des jaloux.

### THALIE.

Va, de les désespérer tous,
Momus & moi, nous savons la maniere.

### SOSIE.

Bon. Cette bonté singuliere
Voudroit-elle lever un scrupule que j'ai?

### THALIE.

Parle.

### SOSIE.

Sur cet hymen de vous & de Moliere.
Si par hasard j'étois interrogé....

### THALIE.

Eh bien ! c'étoit un hymen arrangé.

### SOSIE.

Où ? Quand ? Comment ? Un curieux s'informe....

### THALIE.

Je t'entends. Tu diras que mon contrat en forme
Fut par Apollon rédigé.

### SOSIE, *étonné*.

Là-haut, l'on s'épouse ?

## COMÉDIE.

### THALIE.
Et l'on s'aime.

### SOSIE.
C'est la moitié plus qu'à Paris.
Passe encor pour des favoris.
Mais je n'en reviens pas, quand vous dites vous-même
Que les Muses ont des maris.

### THALIE.
Melpomène est au *quatrième*.

### SOSIE.
Bon. Me voilà bien éclairci ;
Et je n'ai plus d'autre souci
Que d'être occupé de vous plaire.
A présent de ce qu'il faut faire,
Instruisez-moi donc.

### THALIE.
Le voici.
Premierement que ma venue ici
Pour tout autre soit un mystère.

### SOSIE.
Soit.

### THALIE.
Jupiter, lassé de s'ennuyer,
Avec Momus, qui me sert d'Ecuyer,
M'a commandé de venir sur la terre,
Et de lui rapporter au séjour du Tonnerre,
Quelques travers nouveaux qui puissent l'égayer.

### SOSIE.
Vous pourriez avoir de la peine.

# LA CENTENAIRE,

On a bien appauvri la scène.

### THALIE.

Que m'importe ? J'ai de bons yeux.

### SOSIE.

Aussi bons que jolis. Tant mieux.
Peste ! où prend mon esprit toute sa gentillesse.

### THALIE.

Songe ensuite qu'il faut que je passe pour Nièce
De Momus : nous venons ensemble exprès céans,
Pour tâcher de saisir un nouveau caractère.

### SOSIE.

C'est prendre assez mal votre tems,
Et ce ne sera pas une petite affaire.

### THALIE.

Comment ?

### SOSIE.

C'est qu'il paroît que la plupart des gens
Ont donné dans le goût fantasque,
De n'avoir, pour eux tous, qu'un masque ;
Et qui les reconnoît a des yeux bien perçans.

### THALIE.

Pour qu'ils se montrent sans contrainte,
D'un habit de Docteur Momus s'est revêtu.
Se douteront-ils de la feinte ?
Là, dis-le-moi, qu'en penses-tu ?

### SOSIE.

S'il faut parler avec franchise,
Moi j'imagine qu'un projet

Fondé

Fondé sur l'humaine sotise,
Manque rarement son effet.

### THALIE.
Çà, tu peux nous servir.

### SOSIE.
Eh! de quelle maniere
Puis-je mériter vos faveurs ?

### THALIE.
Aux gens qui nous viendront en faisant les honneurs.

### SOSIE.
Et s'il se présentoit des sujets de Moliere ?

### THALIE.
Tu railles, ils sont morts.

### SOSIE.
Eux, morts ? Oh ! par ma foi,
Ils se portent tous mieux que moi,
Et je crois qu'ils feront douze fois ma carriere.

### THALIE.
De ton zèle empressé je connois tout le prix ;
Compte sur ma reconnoissance.

### SOSIE.
Vous avez bien raison de chérir les Petits ;
Et des Petits la bienveillance
Vaut, en plus d'une occasion,
Cette vaine protection
Dont un Grand fait la récompense,
Et du Sot qui le sert avec affection,
Et du vil Flatteur qui l'encense.

## LA CENTENAIRE,

THALIE, *à part.*

Tant de bon-sens dans un Valet!

(*A Sosie.*)

On a frappé ; va voir qui c'est.

(*Restée seule.*)

Nous en allons avoir de toutes les espèces.
Et je jouerois d'un malheur peu commun,
Si dans la quantité je n'en attrapois un.
Oh! ma foi, vive les adresses !

(*A Sosie, qui revient.*)

Eh bien ?

SOSIE.

C'est un beau cavalier.

THALIE.

Et son nom ?

SOSIE.

C'est Monsieur Lélie.

THALIE.

Il n'a pas changé de métier :
A la plus nouvelle folie
Un étourdi court toujours le premier.

(*Sosie sort.*)

## COMÉDIE.

# SCENE IV.
## LÉLIE, THALIE.

LÉLIE, *entrant avec empressement.*

AH! que le ciel m'oblige, en offrant à ma vue
Les célestes attraits dont vous êtes pourvue.
Madame, un Charlatan qui me fait accourir,
Du mal que font vos yeux sçait-il aussi guérir?
Oh! qu'il le sçache ou non, qu'il garde sa recette.
Que mon bonheur est grand! que ma joie est complette!
Et pouvois-je espérer de trouver en ces lieux,
Au lieu d'un ignorant, cette grace & ces yeux?

### THALIE.
Ils sont bien obscurcis par ma douleur extrême.

### LÉLIE.
Je vous consolerai, puisqu'enfin je vous aime,
Et que me voilà prêt à finir vos malheurs.

### THALIE.
Vous savez donc, Monsieur, le sujet de mes pleurs?

### LÉLIE.
Et qu'en est-il besoin! pour l'imaginative,
Croyez que je ne cede à personne qui vive:
Si j'avois un valet que je regrette encor,
Mascarille; il valoit, ma foi, son pesant d'or.

## THALIE.
Que m'importe un valet, à moi ?

## LÉLIE.
Quand je le cite,
C'eſt qu'il convient toujours d'honorer le mérite.

## THALIE.
Il étoit donc bien grand, ce mérite ?

## LÉLIE.
Au beſoin,
D'imaginer pour moi je lui laiſſois le ſoin.

## THALIE.
Ainſi de ma douleur il auroit ſu la cauſe ?

## LÉLIE.
Mieux que vous; & tenez, quand tout ſeul je ſuppoſe
Votre cœur en ſecret par l'amour lutiné,
Avouez franchement, n'ai-je pas deviné ?

## THALIE.
De l'art d'imaginer donnez une autre preuve.

## LÉLIE.
Pourquoi donc, s'il vous plaît, Madame ?

## THALIE.
Je ſuis veuve.

## LÉLIE.
Bon ! pour mieux me cacher le ſujet de vos pleurs,
Faut-il vous aviſer du moindre des malheurs ?

## THALIE.
Monſieur, encor un coup je ſuis veuve, vous dis-je.

# COMÉDIE.
### LÉLIE.
Tant mieux : votre douleur en tient plus du prodige.
### THALIE.
Vous vous doutez assez que depuis ce trépas,
Et faite comme on est, ayant quelques appas....
### LÉLIE, *interrompant.*
J'entends. Pour adoucir les horreurs du veuvage,
Vous n'avez pas voulu déroger à l'usage.
Des amans.
### THALIE.
Un Joueur & puis un Glorieux
Fixerent, j'en conviens, & mon cœur & mes yeux :
Mais d'un dernier, sur-tout, mon ame est enivrée.
### LÉLIE.
Et c'est?...
### THALIE.
Il est connu.
### LÉLIE.
Son nom ?
### THALIE.
De l'Empirée.
J'en eus d'autres encor ; j'aime à le publier.
### LÉLIE.
N'importe : me voilà pour les faire oublier.
### THALIE.
Qui ? vous, Monsieur ?
### LÉLIE.
Oui, moi : moi, vous dis-je, Madame.

B iij

# LA CENTENAIRE,

Vous n'imaginez pas tout l'excès de ma flâme ;
Et mon cœur est capable, en son transport jaloux,
De vous aimer toujours, fussé-je votre époux.
Oui, je jure.....

## SCENE V.

### SOSIE, LÉLIE, THALIE.

SOSIE, *à Lélie.*

EH ! doit-on jurer de telle sorte,
Monsieur ? Là, là, calmez l'ardeur qui vous transporte.

LÉLIE.

Ce maraud-là me tient des propos bien hardis.
( *A Sosie.* )
Sais-tu que, si j'étois un de ces étourdis
Capables de manquer à ce qu'on doit aux Belles,
Un bâton sur ton dos m'en diroit des nouvelles.

SOSIE, *avec ironie.*

Bon ! vous n'avez pas l'air de ces étourdis-là.

LÉLIE.

Je n'en ai pas l'air.

SOSIE, *de même.*

Non.

LÉLIE : *il le bat.*

Tu vas voir.

## COMÉDIE.

**SOSIE.**

Ah! ah! ah!
Au secours, au secours, voisins, je vous en prie.

**LÉLIE.**

Comment! bourreau, tu fais des cris!

**SOSIE.**

De mille coups tu me meurtris,
Et tu ne veux pas que je crie?

**LÉLIE.**

Madame, pardonnez.

**THALIE.**

Quoi! votre étourderie...
Sortez d'ici, Monsieur.

**LÉLIE.**

Il y va de ma vie.
Cruelle! à vos genoux...

**SOSIE.**

Madame, tenez bon.

**THALIE.**

Mon Oncle, qui paroît, va me faire raison
De votre extravagance & de votre furie.

**LÉLIE.**

Il faura pardonner un peu d'étourderie
A ce cœur pour vos yeux si fortement épris.

## SCENE VI.

### MOMUS, THALIE, LÉLIE, SOSIE.

MOMUS, *en entrant.*

N'AI-JE pas entendu des cris ?

THALIE, *à Momus.*

Ah ! mon Oncle !

LÉLIE.

Ah ! Monsieur, cette charmante Nièce
Peut vous dire l'ardeur qui pour elle me presse ;
Et je dois ajouter qu'il nous seroit bien doux
D'obtenir votre aveu pour devenir époux.

THALIE.

Avant de s'épouser, il faut bien se connoître.

MOMUS.

On se marieroit peu.

LÉLIE.

Dès qu'on m'a vu paroître,
Je suis connu.

THALIE.

Tant pis. Soyez sûr qu'en ce cas
C'est plutôt un bonheur de ne vous avoir pas.

LÉLIE.

Oh ! puisque vous osez en venir aux injures,
Je conterai par-tout toutes vos aventures;

# COMÉDIE.

Je connois un Poëte, il vous chansonnera.

#### MOMUS.
Chansons !

#### LÉLIE, à Momus.
Vous....

#### MOMUS.
Je m'en moque.

#### LÉLIE.
Eh bien ! on le saura.
Et je vous couvrirai si bien de ridicule,
Que vous ne vendrez pas une seule pilule,
Pas un petit paquet.

( *Il sort brusquement.* )

## SCENE VII.
### MOMUS, SOSIE, THALIE.

#### MOMUS, *à Lélie qui sort.*
Je ris de vos raisons ;
Quoi que vous disiez peu, peu m'importe.
( *A Sosie, qui suit Lélie.* )
Toi, que vas-tu chercher à cette porte ?

#### SOSIE.
Voir s'il prend le chemin des petites maisons.

#### MOMUS.
Vit-on jamais pareille étourderie ?

#### THALIE.
Vous n'avez pas tout vu. Demandez à Sosie ;

# LA CENTENAIRE,

Comme il en est très-fidèle témoin,
Mieux que personne il pourra vous le dire.

SOSIE, *revenant de la porte, où il a paru parler à quelqu'un.*

Si vous avez sujet de rire,
Je ne dois pas avoir le même soin.

( *A Momus.* )

Monsieur, à cette porte un homme
Qui n'a pas voulu qu'on le nomme,
Dit en secret avoir affaire à vous.
Il est vétu de noir & parle d'un ton doux.

## MOMUS.

Son nom.

## SOSIE.

Je vous ai dit qu'il ne veut pas le dire.

## MOMUS.

Fais entrer.

## THALIE.

Moi, je me retire
Pour vous le laisser recevoir.

( *Elle sort.* )

# SCENE VIII.
## SOSIE, MOMUS.
### SOSIE.

ET vous consentez à le voir
Tête-à-tête ?

## MOMUS.

Oui.

# COMÉDIE.

### SOSIE.
Mais c'est une folie.

### MOMUS.
Je ris de ta poltronnerie.

### SOSIE.
D'accord, je suis poltron; on en vit plus long-temps.
Vous autres Dieux, vous êtes gais, contens;
Vous ne mourez jamais de votre vie;
Mais aux pauvres humains il ne faut rien qu'un coup.

### MOMUS.
Fais-le toujours venir.

### SOSIE.
Vous hazardez beaucoup.
( *Il fait signe à Tartuffe d'entrer.* )

## SCENE IX.
### TARTUFFE, MOMUS, SOSIE.

### TARTUFFE.
Que le Ciel à jamais par sa toute bonté
Et de l'ame & du corps vous donne la santé.
Monsieur; le bien de vous que par-tout on publie...

### MOMUS.
Arrivé d'aujourd'hui...

### TARTUFFE.
Permettez, je vous prie :
Il est juste, & je crois tout ce qu'on dit de vous :
Je ne suis, grace au Ciel, envieux ni jaloux;
Mais j'ai vu si souvent les horreurs de l'envie

# 28 LA CENTENAIRE,

Empoisonner les jours d'une innocente vie,
Que j'ai cru vous devoir ce secret entretien,
Où mon zele empressé va ne vous cacher rien.

### MOMUS.

Parlez, Monsieur.

### TARTUFFE.

Mon cœur de douleur se déchire,
Quand je vois les méchans aggrandir leur empire.

### MOMUS, *à part.*
( *A Tartuffe.* )

Je te connois. Où tend ce discours ?

### TARTUFFE.

Le voici ;
Et vous en allez être à l'instant éclairci.
On dit ( mais je crois peu ce propos condamnable )
Que vous avez chez vous un objet jeune, aimable ;
Que sa beauté fragile, appellant tous les cœurs,
Peut malheureusement décréditer vos mœurs.
Et mon zèle....

### MOMUS.

Je sais ce qu'il convient d'en croire :
Mais pensez-vous qu'on puisse avoir l'âme assez noire ?

### TARTUFFE, *avec vivacité.*

Oui, Monsieur. Arrivé depuis fort peu de tems,
Vous n'imaginez pas la malice des gens ;
Et combien la vertu jadis si respectée,
Est par-tout aujourd'hui bassement insultée,
Sur vous, qu'autant que moi, je crois homme de bien,
Je ne répondrois pas qu'on ne répandît rien,
Etant amis tous deux. La vertu réunie,
Avec plus de succès, fera taire l'envie :
Je suis connu.

## COMÉDIE.

MOMUS.

Sans doute.

TARTUFFE.

Et mon zèle discret
Peut, dans votre maison, faire un très-bon effet.

MOMUS, *à part.*

Le Caffard !

TARTUFFE.

En voyant votre charmante Nièce,
Mes avis paternels guideroient sa jeunesse,
Et je la sauverois peut-être d'un écueil.

MOMUS.

Peut-être, est trop modeste.

TARTUFFE.

Oh ! je hais tant l'orgueil !

MOMUS.

Fort bien ; mais je craindrois qu'on ne dît qu'une flâme,
En secret....

TARTUFFE, *avec un mouvement d'horreur.*

Moi, Monsieur, j'aimerois une femme !
Vous m'objectez en vain ce motif de refus ;
On sait bien que j'ai fait mes preuves là-dessus.

MOMUS, *à part.*

Je vais, pour le punir, l'envoyer chez Thalie.
( *A Tartuffe.* )
Je me rends. Oui, je vois que toute votre envie
Est de contribuer à mon contentement ;
Et vous pouvez passer dans son appartement.

( *Tartuffe entre chez Thalie.* )

## SCENE IX.
### SOSIE, MOMUS.

SOSIE, *se rapprochant.*

Qu'en dites-vous, Seigneur ? parle-t-il avec force ?
Voilà l'homme de bien.

MOMUS.

Ce n'en est que l'écorce.
Jusqu'à quand verra-t-on l'homme simple & les sots
Trompés indignement par l'abus des grands mots ?

SOSIE.

Avez-vous sçu son nom ?

MOMUS.

Tartuffe.

SOSIE.

De Molière ?
A sa tournure singuliere,
Je l'aurois pris, ma foi, pour un homme de bien:
Sur la mine jamais je ne croirai plus rien.

# COMÉDIE.

# SCENE XI.

### Madame PERNELLE, PHLIPOTTE, MOMUS, SOSIE.

#### Madame PERNELLE.

Allons, Phlipotte, allons.
( *A Momus.* )
    Faites-vous votre compte
Que j'attendrai long-tems? N'est-ce pas une honte,
A vous, le beau Docteur, qu'on ne trouve chez vous
Que des impertinens, des fripons & des fous?

#### MOMUS.

Pourquoi donc y venir?

#### Madame PERNELLE.

    Pourquoi? Mort de ma vie!
Évitez, croyez-moi, de me mettre en furie.
Et si Tartuffe ici n'avoit porté ses pas,
Soyez sûr que chez vous vous ne me verriez pas.

#### SOSIE.

Mais vous en voulez donc beaucoup à ce pauvre homme?

#### MOMUS.

Moliere a corrigé....

#### Madame PERNELLE.

    Je veux que l'on m'assomme,
Si lui ni ses pareils se tiennent pour battus;
Car j'en vois tous les jours, & je crois même plus.
Mais enfin ce maroufle est ici.

## LA CENTENAIRE,

MOMUS.

Non, Madame;
Il n'a fait que passer.

Madame PERNELLE.

Où donc?

MOMUS.

Chez une femme.

Madame PERNELLE.

Ah ! que je crains pour elle!

MOMUS.

Oh ! moi je ne crains rien.

Madame PERNELLE.

Vous êtes donc très-sûr qu'elle est femme de bien?

MOMUS.

Oh !

Madame PERNELLE.

Malgré tout cela, j'ai quelque inquiétude.
Une femme de bien peut n'être qu'une prude;
Et je vais vous conter le fait qui m'engagea
A penser de la sorte.....

(*Voyant rire Momus & Sofie.*)

Oui, ricanez déja.
Cherchez ailleurs vos fous qui vous donnent à rire,
Ce n'est pas moi, toujours; adieu, je me retire.
Vous apprendrez bientôt, Messieurs les Charlatans,
Avant d'en rire, au moins, à connoître vos gens.

( *A Phlipotte.* )

Allons, vous; vous rêvez & bayez aux corneilles.
Jour de Dieu ! je sçaurai vous frotter les oreilles.
Marchons, gaupe, marchons.

( *Elle sort.* )

SCENE

# COMÉDIE.

## SCENE XII.
### SOSIE, MOMUS.

#### SOSIE.

C'est pire qu'un Démon
Cette dame Pernelle.

#### MOMUS.

Elle a souvent raison.
Mais s'il ne vient jamais que des gens de Moliere,
A Jupiter qui veut un nouveau caractère,
Que dire ?

#### SOSIE.

Que les gens de bon-sens sont d'avis
Qu'on ne doit point changer, quand on craint d'être pis.

## SCENE XIII.
### HARPAGON, MOMUS, SOSIE.

#### HARPAGON.

ON lit dans votre adresse, Monsieur, que vous guérissez *gratis* ; & s'il n'y a point de friponnerie ( comme il s'en rencontre toujours dans ces sortes d'écrits ) il est tout naturel que vous me voyiez chez vous.

C

## MOMUS.

Il convient d'abord de favoir quel eft le genre de votre maladie?

## HARPAGON.

Eh! ne le devinez-vous pas à mon air?

## MOMUS.

Non..... à moins que ce ne foit la goutte.

## HARPAGON.

Vous moquez-vous? Ai-je l'air d'un homme affez riche pour cette maladie-là?

## MOMUS.

Le poumon?

## HARPAGON.

Non.

## MOMUS.

L'eftomach?

## HARPAGON.

Non.

## SOSIE.

Vous verrez que ce fera la tête.

## HARPAGON.

A l'autre! Non.

## MOMUS.

M'y voilà. Le cœur?

## HARPAGON.

Non, non, non. De par tous les Diables, c'eft dépenfer bien du tems à fe ruiner en queftions.

## COMÉDIE.

#### MOMUS.
Donnez-nous donc vous-même l'exemple de l'économie.

#### HARPAGON.
En deux mots le voici: C'est un appétit dévorant. Tout est fort cher à préfent; je me ruine pour vivre, & cela altère ma santé.

#### MOMUS.
S'il ne faifoit pas aussi cher mourir, je vous confeillerois, moi....

#### HARPAGON.
Et je ne le sais que trop. On n'a pas la moindre petite ressource; mais enfin, voyons toujours de vos remedes; ils feront ce qu'ils pourront.

#### MOMUS.
Vous prendrez....

#### HARPAGON, *tendant son chapeau.*
Tenez, mettez là-dedans.

#### MOMUS.
De quoi?

#### HARPAGON.
De vos drogues.

#### SOSIE, *à part.*
Il les iroit vendre.

#### MOMUS.
De mes drogues? Je n'en donne point.

#### HARPAGON.
Et que diable donnez-vous donc?

##### MOMUS.

Des conseils.

##### HARPAGON.

Des conseils ? C'est-à-dire, des paroles ; mais voyez donc la belle merveille de donner des paroles *gratis* !

##### SOSIE.

Monsieur, Monsieur, ne vous moquez pas tant ; il y a bien des gens qui les vendent.

##### MOMUS.

Eh ! tenez, voilà Monsieur Trissotin qui vous en dira des nouvelles.

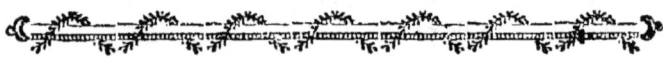

## SCENE XIV.

**TRISSOTIN, & les Acteurs précédens.**

##### TRISSOTIN.

Qui de vous trois, Messieurs, est Médecin ?

##### HARPAGON.

Ce n'est pas moi toujours.

##### SOSIE.

Ni moi non plus.

##### TRISSOTIN.

Enfin,

( *A Momus.* )

Ce sera donc Monsieur Sachez que ma présence

# COMÉDIE. 37

Peut ramener chez vous une heureuse abondance.

HARPAGON, *à part.*

Prenons-lui sa recette.

TRISSOTIN.

Et ma prose & mes vers
Font un bruit assez grand.

MOMUS.

Où ?

TRISSOTIN.

Dans tout l'univers.

HARPAGON.

(*A part.*)   (*A Momus.*)
Quel fou ! Quand un conseil me sera nécessaire,
Monsieur, je viendrai vous revoir.
Je vois bien que chez vous je n'ai plus rien à faire,
Et je vous prête le bon soir.
(*Il regarde Trissotin en haussant les épaules, & sort.*)

# SCENE XV.

## TRISSOTIN, SOSIE, MOMUS.

TRISSOTIN, *en ricanant.*

D'HONNEUR, je crois que c'est l'Avare de Moliere ;
O le plaisant original !

C iij

## 38  LA CENTENAIRE,

SOSIE, *à Trissotin.*

Vous l'avez deviné ? Ce n'est pas voir trop mal,
Et vous ne lui ressemblez guere.

### TRISSOTIN.

A son propos qui ne le connoîtroit ?

SOSIE, *à Momus.*

Mais revenons au bruit dont Monsieur nous parloit.

### TRISSOTIN, *à Momus.*

On lit avec fureur mon recueil d'Épigrammes
Contre les Beaux-esprits, les savans & les femmes.
L'avez-vous lu, Monsieur ?

### MOMUS.

Qui ? moi ?

### TRISSOTIN.

Vous.

### MOMUS.

Point du tout.

### TRISSOTIN.

Tant pis pour vous. Jamais la justesse & le goût
N'ont d'un si grand éclat brillé dans la critique,
Et tout homme occupé de la chose publique,
Poëte, Médecin, Artiste, Bel-esprit,
Ne peut être estimé qu'autant que je l'ai dit.

### MOMUS.

Seriez-vous, par hazard, un de ces gens sans titres,
Qu'on a vu depuis peu s'ériger en arbitres
Du goût & des talens qu'ils ne peuvent avoir ?

## COMÉDIE.

TRISSOTIN.

Chacun peut, à son gré, s'arroger ce pouvoir.

MOMUS.

Contre cette manie, & folle & singuliere,
Que vous êtes heureux qu'on n'ait plus de Moliere!
Il vous corrigeroit bien vîte à vos dépens.

TRISSOTIN.

Bon! Moliere & Boileau, propos de vieilles gens!
On fut dupe autrefois de leur verve caustique.
Qu'étoit-ce dans le fond? Rien que du vieux comique;
Tous nos honnêtes gens sont blazés là-dessus,
Et la preuve, tenez, c'est que l'on n'en fait plus.

## SCENE XVI.

ALCESTE, & les Acteurs précédens.

SOSIE, *annonçant.*

Monsieur Alceste.

MOMUS *quitte brusquement Trissotin, & va recevoir Alceste avec beaucoup de respect, & veut le faire asseoir dans le fauteuil de Moliere.*

Oh! oh!

ALCESTE.

Point de cérémonie;
Supprimez avec moi les façons, je vous prie.

MOMUS.

Je fais trop le respect.....

ALCESTE.

Je veux être debout.

MOMUS, *insistant*.

Monsieur.

SOSIE, *de même*.

Monsieur.

TRISSOTIN.

Laissez chacun vivre à son goût.

SOSIE, *retire le fauteuil*.

Enfin.

ALCESTE, *montrant Trissotin*.

Monsieur, sans doute, est un de vos confreres?

MOMUS.

A peu de chose près.

TRISSOTIN.

Je hais trop les chimeres,
Pour oser tourmenter par des remedes vains
Les jours infortunés des malheureux humains.

ALCESTE.

Vous les plaignez donc?

TRISSOTIN.

Moi?

ALCESTE.

Pour moi, je les déteste.

## COMÉDIE.

#### TRISSOTIN.
Oh ! j'en fais bien autant.

#### ALCESTE.
De leur rage funeſte
Je prétends par la fuite au moins me garantir.
Mais de ce monde affreux avant que de ſortir,
J'ai voulu, par mes yeux, faire l'expérience,
Si je pourrois trouver dans la vaſte ſcience
Qu'on voit briller en vous, ( à ce que chacun dit, )
Le moyen de fixer un doute qui m'aigrit.
Dites-moi donc, Meſſieurs, ſi mon humeur auſtere
Vient de tempérament, ou bien de caractere ?

#### MOMUS.
Monſieur...

#### ALCESTE.
Vous héſitez, Monſieur ?

#### TRISSOTIN.
On peut, je crois,
Expliquer tout cela par de certaines loix.

#### ALCESTE.
Voyons un peu ces loix.

#### TRISSOTIN.
En entrant dans le monde,
Les vices, les travers dont notre eſpece abonde
Inſpirent la pitié....

#### ALCESTE.
Dites plutôt, l'horreur.
Des hommes ſans vertu, des femmes ſans pudeur,
Des obſcurs parvenus l'inſolente baſſeſſe,

Des jeunes gens tarés la dégoûtante ivresse ;
De nos femmes de bien l'horrible fausseté,
De nos frêles Auteurs l'auguste vanité,
Des vices affichés la morgue fastueuse
Rallument dans mon cœur la haine vigoureuse
Qu'à ces excès cruels doit tout homme bien né.

### TRISSOTIN.

A penser comme vous je me sens destiné,
Et la même fureur dans mon âme s'éleve ;
Mon cœur la commença, votre tableau l'acheve :
Il est temps que je montre à tous nos Beaux-esprits
Ce que je sens pour eux de haîne & de mépris,
Et joignant le sarcasme au fiel de la satyre....

### ALCESTE.

La satyre, Monsieur ? que voulez-vous donc dire !

### TRISSOTIN.

Ne craignez rien Monsieur pour vous-même.

### ALCESTE.
            Et pourquoi ?

### TRISSOTIN.

C'est que vous paroissez du même avis que moi.

### ALCESTE.

Et cela fût-il vrai, vous auriez la bassesse
D'aller aux yeux de tous encenser ma foiblesse !

### TRISSOTIN.

Nous sçavons là-dessus ce qui nous est permis ;
Nul ne doit être honnête, hors nous & nos amis.

### ALCESTE.

Et vous osez prétendre à l'estime publique ?

## COMÉDIE.

**TRISSOTIN.**

Pourquoi non, s'il vous plaît ? sçachez que la critique
Est utile pour moi.

**ALCESTE.**

Je le vois.

**TRISSOTIN.**

Et pour l'art.
Il faut se faire un nom, je vous parle sans fard.

**ALCESTE.**

Quel nom ! Ainsi que vous, je parlerai sans feinte.
Recueillir les mépris en répandant la crainte,
N'est pas, à mon avis un fort joli métier ;
Et j'estime bien plus l'honnête Savetier,
Qui, tranquille en un coin sans offenser personne,
Gagne, tout en chantant, le pain que je lui donne,
Que celui dont le cœur, aussi bas que l'esprit,
Ose insulter en lâche au talent dont il vit.

**TRISSOTIN**, *outré.*

Vous apprendrez bien-tôt...

(*Il sort par la porte qui va chez Thalie.*)

## SCENE XVII.

### ALCESTE, SOSIE, MOMUS

**ALCESTE.**

L'exécrable folie !
Voilà, voilà des gens à livrer à Thalie.

# 44 LA CENTENAIRE,

SOSIE.

On l'y verra.

MOMUS.

Comment, avec si peu d'esprit,
Ce petit homme a-t-il une telle arrogance ?

ALCESTE.

C'est en pesant son importance
Au poids du fatras qu'il écrit.

(*Il sort.*)

# SCENE XVIII.

## MOMUS, SOSIE.

MOMUS.

Quoi donc ? Quand nous cherchons un nerveux caractère,
Nous ne verrons ici que des gens de Moliere ?

SOSIE.

Je vous l'avois bien dit.

MOMUS.

Dois-je écouter un fat ?

SOSIE.

Tous les discours sont des sotises,
Venant d'un homme sans éclat :
Ce seroient paroles exquises,
Si c'étoit un Grand qui parlât.
Voilà encore des femmes : je voudrois, pour beaucoup, qu'elles fussent aussi de Moliere.

# SCENE XIX.

## ANGÉLIQUE, CLAUDINE, CLITANDRE, MOMUS, SOSIE.

ANGÉLIQUE, *à Claudine.*

Restez à cette porte, petite fille, & si par malheur vous voyez arriver mon bourgeois de Mari, M. George Dandin, vous nous avertirez; entendez-vous?

CLAUDINE.

Cela suffit, Madame; faudra-t-il lui dire que vous êtes venue avec Monsieur?

ANGÉLIQUE.

Eh! non, petite sotte.

CLITANDRE, *à Angélique.*

Voilà, Madame, le fameux Médecin dont on a tant parlé ce matin chez M. le Baron de Sotenville, Monsieur votre père.

ANGÉLIQUE, *à Momus.*

Monsieur, parmi les secrets merveilleux que vous avez apportés des Pays Étrangers, je désirerois bien qu'il y eût une recette contre les migraines de l'espèce de la mienne; votre fortune seroit faite. Ensuite des vapeurs dont j'ai été dévorée, il m'en est resté une qui revient régulièrement tous les jours à la même heure.

## MOMUS.

Et quelle est cette heure-là?

## ANGÉLIQUE.

Dans ce tems-ci, environ six heures du soir.

## MOMUS.

Et vous n'imaginez point de cause étrangère à laquelle vous puissiez attribuer le retour de cette migraine.

## CLITANDRE.

Madame ne voit ordinairement à cette heure-là que son mari, qui revient de ses courses vers la fin du jour, & je crois avoir remarqué que, l'Été, les attaques sont moins longues.

## MOMUS, *à Angélique.*

Madame, vous êtes bien-heureuse d'avoir auprès de vous un observateur comme Monsieur, & quand on connoît aussi bien les symptômes d'une maladie, il est aisé de la guérir.

## CLITANDRE, *à Angélique.*

Madame, vous entendez?

## ANGÉLIQUE.

A merveille, Monsieur.

## CLAUDINE, *accourant.*

Le voilà! le voilà!

## MOMUS.

Qui donc? qui donc?

## ANGÉLIQUE.

Clitandre? Mon mari?

## MOMUS, *à part.*

Et la migraine?

## SCENE XX.

### GEORGE DANDIN, & les Acteurs précédens.

**GEORGE DANDIN**, *en entrant, à sa femme.*

Il sera donc dit, Madame, que vous ne sortirez jamais sans avoir Monsieur avec vous ? Est-ce que votre servante Claudine ne suffit pas ?

**ANGÉLIQUE.**

Une femme comme moi, Monsieur, ne sauroit sortir sans avoir quelqu'un qui lui donne la main, & je vous déclare positivement que, tant que vous ne me donnerez pas un Laquais, je prierai Monsieur de m'accompagner, ne fût-ce que pour aller chez M. le Baron de Sotenville.

**GEORGE DANDIN.**

Voilà bien les impertinences auxquelles je dois m'attendre. Ah ! pauvre George Dandin ! tu l'as voulu ; à qui te plaindre ? Tu le fais bien toi, Claudine.

**CLAUDINE.**

Moi, Monsieur ! Je ne fais rien.

**GEORGE DANDIN.**

Non, Madame : il ne sera pas dit que vous me manquiez toujours de la sorte ; je porterai mes plaintes, il faudra en venir à une séparation.

# LA CENTENAIRE,

**MOMUS.**

Vous paierez encore ces frais-là, au moins.

**GEORGE DANDIN.**

Et n'est-ce pas moi qui fais les frais de tout.

**ANGÉLIQUE**, *à son mari.*

Vous avez bonne grace de vous plaindre; ce seroit moi qui devrois le faire : moi qui ai été sacrifiée, moi qui pouvois épouser un homme de qualité.

# SCENE XXI.

## M. JOURDAIN, & les Acteurs précédens.

M. JOURDAIN *entre en chaise à porteur. En entendant les derniers mots de la scene avant de sortir de sa chaise, dont les stors sont baissés, il dit :*

UN homme de qualité ! Qui est-ce qui parle de moi, là ?

(*Sortant de sa chaise.*)

Eh! bien, qu'est-ce, mes amis ? voyons, me voilà.

**MOMUS.**

Oh! oh! Eh! c'est M. Jourdain, en robe de chambre! En cet équipage, venez-vous du bal ?

**JOURDAIN.**

Non : je sors de chez Poitevin ; c'est le rendez-vous des gens les plus qualifiés : & ....

**MOMUS**

## COMÉDIE.

**MOMUS.**

Et vous n'avez garde de ne pas vous y trouver?

**JOURDAIN.**

Vous croyez peut-être que c'eſt par ton? point du tout; & ſi ce n'étoit pour des raiſons de ſanté....

**MOMUS.**

Vous paroiſſez pourtant vous porter à merveille.

**JOURDAIN.**

N'eſt-ce pas qu'on ne voit guères de gens de qualité ſe porter auſſi bien que moi?

**MOMUS.**

Je ne peux pas vous diſſimuler que cet embonpoint a l'air un peu bourgeois.

**JOURDAIN.**

Que je ſuis malheureux! Allez, allez, laiſſez-moi faire, j'y mettrai bon ordre; en vous comptant, voilà le huitième Médecin que je vois.

**SOSIE,** *à part.*

Quand nous ferons à dix, nous ferons une croix.

**MOMUS,** *à Jourdain.*

Peſte! vous devez avoir un tempérament de fer.

**JOURDAIN.**

Ce qu'il y a de plus déſolant pour moi, c'eſt que je n'ai pas même la reſſource des chagrins pour maigrir. Ma femme eſt morte.

**MOMUS.**

Cette pauvre Madame Jourdain! Et de quoi?

#### JOURDAIN.

De jalousie : parce que les Maitresses de mes amis de la Cour auxquels je prête quelquefois de l'argent venoient chez moi ; & que je suis un peu aimable, elle s'est allé fourrer dans la tête.... Enfin elle est morte, & me voilà veuf.

#### MOMUS.

Et prêt à vous remarier ?

#### JOURDAIN.

C'est selon ; je ne dis pas que, si je trouvois une personne d'une certaine façon.... Quelle est cette Dame-là ?

#### MOMUS.

C'est une Dame de qualité avec son mari.

#### JOURDAIN.

Une Dame de qualité ? Et c'est son mari, ça ?

#### SOSIE.

Pourquoi vous en moquer ? Est-ce que Monsieur n'en a pas bien la mine, oui ?

#### JOURDAIN.

Vous allez voir. Madame, que je suis fâché que vous soyez tombée en de si pauvres mains ! Mais, en vérité, c'est un meurtre : j'espere au moins que vous ne faites pas l'honneur à Monsieur de le traiter comme votre mari ?

#### ANGÉLIQUE.

Hélas ! pardonnez-moi. Malheureusement, j'ai été trop bien élevée pour manquer à mes devoirs.

#### SOSIE.

Aussi elle le déteste.

# COMÉDIE.

## SCENE XXII.

Les Acteurs précédens, THALIE, TARTUFFE, TRISSOTIN.
(*Ces deux derniers sont fort empressés autour de Thalie.*)

THALIE, à *tous deux.*

Vous me pressez en vain : ce n'est qu'aux yeux de tous
Que je peux donner à connoître
Les sentimens qu'en moi votre ardeur a fait naître :
Encor je crains....

TARTUFFE.

Peut-on craindre de nous ?...

THALIE.

Oui, je crains qu'un transport jaloux
Dans ce moment ne fasse disparoître
L'amitié qui regne entre vous ;
Car vous êtes amis...

MOMUS.

Et très-dignes de l'être.

THALIE.

Avant de m'expliquer, jurez à mes genoux,
Que l'un de vous, sans haîne & sans envie,
Dans cet instant, par force abandonné,

D ij

Verra son rival fortuné
Triompher avec modestie.

### TRISSOTIN.

Oh ! de grand cœur, nous le jurons.

### TARTUFFE, *à part.*

Jurons toujours ; ensuite nous verrons.

### THALIE.

Quoi ! n'acceptez-vous pas ce que je vous propose ?

### TARTUFFE.

La volonté du Ciel soit faite en toute chose.

### THALIE, *à Tartuffe.*

Partager sa bouche & son cœur
Entre les vertus & les vices,
Me paroît un excès d'horreur,
Dont vous avez trop de complices.
( *Montrant Trissotin.* )
Au moins Monsieur...

### TRISSOTIN, *interrompant d'un air de satisfaction, & à part.*

Je le sçavois bien, moi.

### THALIE, *reprenant.*

Au moins, Monsieur, d'une feinte inutile
Ne s'est pas imposé la Loi ;
Et le poison que sa plume distile
Est un crime de bonne-foi.

### MOMUS.

Les voilà bien payés chacun en leurs especes.

# COMÉDIE.

### SOSIE.
Pour vous guérir de vos foiblesses,
Cet avis-là vous paroît-il suspect ?

### TRISSOTIN.
J'écrirai...

### TARTUFFE.
Je dirai...

### TRISSOTIN.
Vous apprendrez, ma mie...

### THALIE.
Tout beau, Messieurs ; vous manquez de respect :
*( Montrant son masque. )*
Sous ces traits connoissez Thalie.

### TRISSOTIN.
O Ciel !

### TARTUFFE.
Je suis perdu !

### M. JOURDAIN.
Je la trouve jolie,
Malgré son petit air tant soit peu goguenard ;
Et ces yeux éveillés m'inspirent pour ma part
Certain desir de faire une folie.

### SOSIE.
Votre Marquise si jolie,
Convenez-en, Monsieur Jourdain ;
N'avoit pas ce regard malin,
Ni cette mine réjouie.

### M. JOURDAIN.
Non, sans doute ; enfin l'on sait bien

54 LA CENTENAIRE,
Qu'une mortelle, ce n'eſt rien
Auprès de la moindre Déeſſe,
Fût-elle même & Marquiſe & Princeſſe.

### MOMUS.

*Bravo!* L'ami Jourdain! c'eſt parler tout au mieux;
Je ne répondrois pas qu'un jour au rang des Dieux
Avec éclat on ne vous vît paroître.

### M. JOURDAIN.

Quoi! cela ſe pourroit?

### MOMUS.

Vous en êtes le maître:
Il ne faut ſeulement...

# COMÉDIE.

## SCENE XXIII.

LÉLIE, & les Acteurs précédens.

LÉLIE, *accourant*.

Craignez tous le Docteur;
Il n'est pas Médecin, ce n'est qu'un imposteur:
Je le sais par la voix commune.

SOSIE.

( *A Lélie.* )

Peste de l'étourdi ! Monsieur, d'un tour de main,
Par votre présence importune,
Vous faites perdre au bon Monsieur Jourdain
La plus éclatante fortune.

LÉLIE.

J'en suis désespéré, d'honneur ;
Car je n'ai pas cette basse manie
De nuire avec gaieté de cœur,
Et j'ai fait une étourderie.

THALIE.

Vous le deviez...

( *A tous les Acteurs.* )

Rendez grace aux bienfaits
Que répandit sur vous un immortel génie,
En vous peignant de ces grands traits

Que les fureurs du Temps, ni celles de l'Envie
Ne pourront effacer jamais.

### MOMUS.

Vous l'entendez : contre le caractere
Mes remèdes sont sans crédit ;
Et, comme la Déesse a dit,
Chacun de vous l'a reçu de son pere :
Il faut s'en plaindre à celui qui vous fit.

### LÉLIE.

Où le chercher ?

**THALIE**, *montrant la statue de Moliere qui se découvre.*

Le voilà.

### TOUS LES ACTEURS.

C'est Moliere :
Courons embrasser ses genoux.

**SOSIE**, *aux coulisses.*

Acteurs, Souffleur, Ballets, Messieurs, accourez tous ;
Qu'après cent ans complets, ce vif & pur hommage
A tous les yeux retrace au moins l'image
Des transports de nos cœurs à le revoir chez nous.

# COMÉDIE.

## SCENE XXIV, ET DERNIÈRE.

TOUS *les Acteurs de la Comédie, en habit de Caractère des Pièces de Moliere, sur l'aîle droite du Théâtre, & tous les Acteurs de la Tragédie en habit Tragique, sur l'aîle droite.*

M. LE KAIN, *à la tête de la Tragédie.*

DE quel éclat nouveau brille aujourd'hui la Scène !
  ( *A Thalie.* )
Ah ! Madame, voyez, en des momens si doux,
 ( *En montrant les Acteurs & Actrices tragiques.* )
Les Enfans les plus chers au cœur de Melpomène,
Partager leur encens entre Moliere & vous.

  THALIE, *à M. le Kain & aux autres.*
  Soyez assurés que Thalie
  Goûte une douceur infinie
A voir en ce beau jour tous les cœurs réunis.
 ( *En montrant Moliere & les piédestaux.* )
  Je commence une galerie,
  Où les vrais Enfans du génie,
Après cent ans, rivaux, mais généreux amis,
De l'immortalité partageront le prix.
  Déjà ces piédestaux attendent...

## LA CENTENAIRE,

#### M. LE KAIN.

Nous savons ce qu'ils nous demandent,
Et vos vœux seront accomplis.

#### M. BRIZARD, en *Auguste*.

Le Souverain d'un vaste Empire,
Sous cet habit représenté,
Peut-il en ce beau jour être mieux imité,
Qu'en partageant un si noble délire ?
Si des Humains il devint le premier,
Rome & Paris ne font qu'une même patrie ;
Et le plus bel emploi d'un immortel laurier,
Doit être de briller sur le front du génie.

(*Il met sa couronne sur la tête de la statue de Moliere.*)

#### CHŒUR.

*Vivat, vivat*, cent fois *vivat*,
*Solus auctor qui tam benè parlat.*

#### MOMUS, à *Thalie*.

Thalie, eh bien ! ce nouveau caractere,
Que nous devions rapporter à Moliere,
Le voyez-vous parmi ces gens ?
En faveur de sa Centenaire,
Vous le lui promettez depuis assez long-temps.

#### THALIE.

Eh ! ne suffit-il pas, pour fêter un bon Pere,
De lui présenter ses Enfans ?
(*Le Chœur répete,* vivat.)

# COMÉDIE.

## MARCHE.

AIR *de la Marche des Apothicaires du Malade Imaginaire, alternativement avec une Marche caractéristique pour la Tragédie.*

La Comédie est conduite par Sosie en tête, sa lanterne à la main.

La Tragédie, par M. le Kain, en habit de Rodrigue dans le Cid, l'épée à la main.

On va saluer la statue de Moliere deux à deux; & quand Thalie & Momus sont auprès de la statue, ils attachent au piédestal, l'un sa marotte, l'autre son masque, & Sosie place sa lanterne dans l'attitude de Diogene.

## BALLET DE CARACTÈRE
### Des principaux Divertissemens
### de MOLIERE.

## LA CENTENAIRE,

### VAUDEVILLE.

#### THALIE.

Amis, que l'éclat de ce jour
Vous anime & vous intéresse :
De reconnoissance & d'amour
Les Dieux nous permettent l'ivresse.
Dans les cœurs amis des talens,
Que sa place soit la premiere ;
Et qu'on redise après cent ans :
Vive la gaieté de Moliere !

#### CHŒUR.

Et qu'on redise, &c.

#### MOMUS.

Les jours passés chez mes François,
Furent pour moi dignes d'envie.
Joyeux, malins, plaisans & gais,
Qu'ils soient toujours chers à Thalie ;
Et s'ils s'endormoient une fois
Dans leur agréable carriere,
Qu'ils se rappellent qu'autrefois,
Je dis mon secret à Moliere.

#### CHŒUR.

Qu'ils se rappellent, &c.

# COMÉDIE.

### SOSIE.

Au genre-humain déplaît souvent
Une triste Philosophie,
Quand elle prétend gauchement
Corriger les gens qu'elle ennuie.
Egayer la leçon des mœurs;
Est la seule bonne maniere.
Charmer l'esprit, former les cœurs,
Pour cet art il n'est que Moliere.

### CHŒUR.

Charmer l'esprit, &c.

### Madame PERNELLE.

A se moquer des vieilles gens,
On voit s'occuper la Jeunesse;
Et de nos Catons de vingt ans,
L'ennui fait toute la sagesse.
O vous qui de la vérité
Craignez la démarche trop fiere,
Sous le masque de la gaieté,
Vous la goûterez chez Moliere.

### CHŒUR.

Sous le masque, &c.

#### ANGÉLIQUE.

Quand deux cœurs, par un doux soupir,
Forment une amoureuse chaîne,
De s'opposer à leur desir,
C'est tems perdu, c'est plainte vaine.
Infortunés maris jaloux,
Qu'Amour irrite & défespere,
Venez prendre leçon chez nous;
Vous la recevrez de Moliere.

#### CHŒUR.

Venez prendre leçon, &c.

#### SOSIE.

Bien des gens plus hupés que moi,
En ce bas monde, ont plus d'un pere.
Mais, plus qu'eux, je suis, sur ma foi,
Fier de leur devoir la lumiere.
Fils de Plaute, on vit commencer
Et mes succès, & ma carriere;
Mais il falloit, pour l'achever,
Me voir adopter par Moliere.

#### CHŒUR.

Mais il falloit, &c.

# COMÉDIE.

### THALIE, au Parterre.

En nous accordant vos faveurs,
Messieurs, pour cette bagatelle,
Daignez n'y voir que de nos cœurs
La reconnoissance & le zèle;
Et si nous avions quelques torts,
Etant empressés à vous plaire,
Pardonnez nos foibles efforts
En faveur du nom de Moliere.
(*On fait la révérence.*)

### MOMUS, *à M. Jourdain.*

A vous, Monsieur Jourdain; allons, vous ne donnerez pas quelque chose?

### M. JOURDAIN.

Est-ce du bon ton de chanter? Là, franchement, foi
(*A Alceste.*)
de Gentilhomme, je ne le crois pas. Qu'en dites-vous, Monsieur?

### ALCESTE.

Est-ce qu'on chante?

### M. JOURDAIN.

Tous ces airs-là!.... Je n'en sais rien, moi; attendez, voici... oui..: (*Il fait un petit prélude & chante, sur l'air*; C'est l'ouvrage d'un moment:)

En faveur de l'ami Moliere,
Que je protége ouvertement,
Je parle à la Cour très-souvent:
J'y mets son éloquence entiere;
C'est l'ouvrage d'un moment.

## LA CENTENAIRE, &c.

**MOMUS**, *à Alceste.*

Et vous, Monsieur du Ruban-verd?

**ALCESTE.**

Ma foi, louer, chanter, n'est pas mon caractère ;
Mais j'y veux déroger, seulement pour Moliere.
Au surplus, je ne sais qu'un air.

**MOMUS & M. JOURDAIN.**

Chantez, chantez toujours.

**ALCESTE.**

*Air. Si le Roi m'avoit donné.*

Du Roi sans un ordre exprès,
Non, jamais d'Oronte
Je ne louerai les Sonnets :
Mais je dis, sans honte,
Qu'en révérant les talens
De nos Auteurs excellens,
J'aime mieux Moliere,
O gué,
J'aime mieux Moliere.

*Une Contredanse termine le Divertissement.*

**FIN.**

AIR

# AIR
# DU VAUDEVILLE.

A-mis, que l'é-clat de ce

jour Vous a-ni-me & vous in - té-

E

# LA CENTENAIRE,

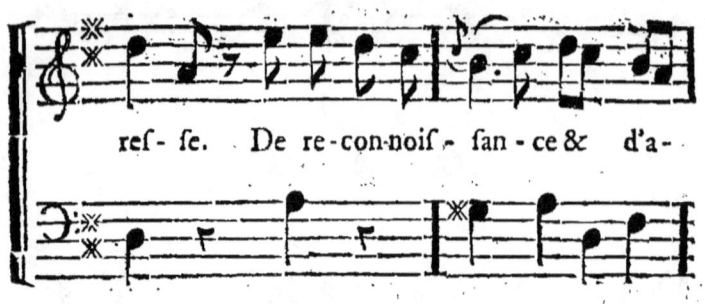

ref-fe. De re-con-noif-fan-ce & d'a-

mour Les Dieux nous per-met-tent l'i-vref-

fe. Dans les cœurs a-mis des ta-

# COMÉDIE. 67

lents, Que sa pla-ce soit la pre-miè-

re, Et qu'on re-di-se après cent

ans: Vi-ve la gaie-té de Moliè-

E ij

68 LA CENTENAIRE, &c.

re l

*FIN.*

## APPROBATION.

J'AI lu, par ordre de Monseigneur le Chancelier, *la Centenaire de Molière*, & je crois qu'on peut en permettre l'Impreſſion. A Paris, ce 3 Mars 1773.

MARIN.

Le Privilège & l'Enregiſtrement ſe trouvent au nouveau Théâtre François.

De l'Imprimerie de C. SIMON, Imprimeur de LL. AA. SS. Meſſeigneurs le Prince de CONDÉ, & le Duc de BOURBON, rue des Mathurins.

# AVIS
## DU LIBRAIRE.

M. BRET, Auteur du nouveau Commentaire des Œuvres de MOLIERE, dont l'Édition va paroître inceſſamment, ayant paru defirer que cette Pièce fût imprimée dans le même format, on s'eſt empreſſé de ſatisfaire à ſon defir. Quelques perſonnes ſont toujours bien-aiſes d'avoir enſemble tout ce qui eſt relatif aux Œuvres d'un auſſi grand homme que MOLIERE.

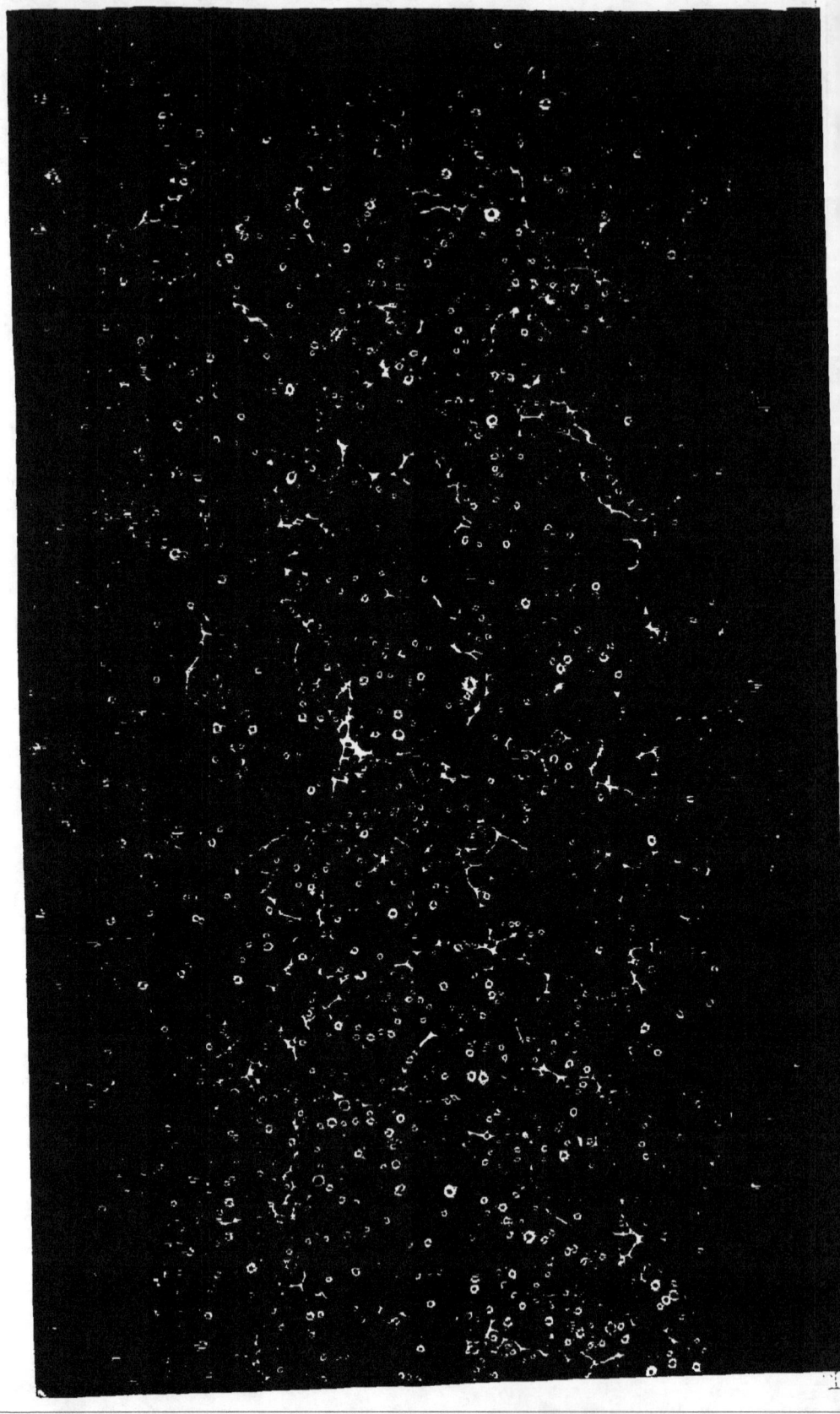

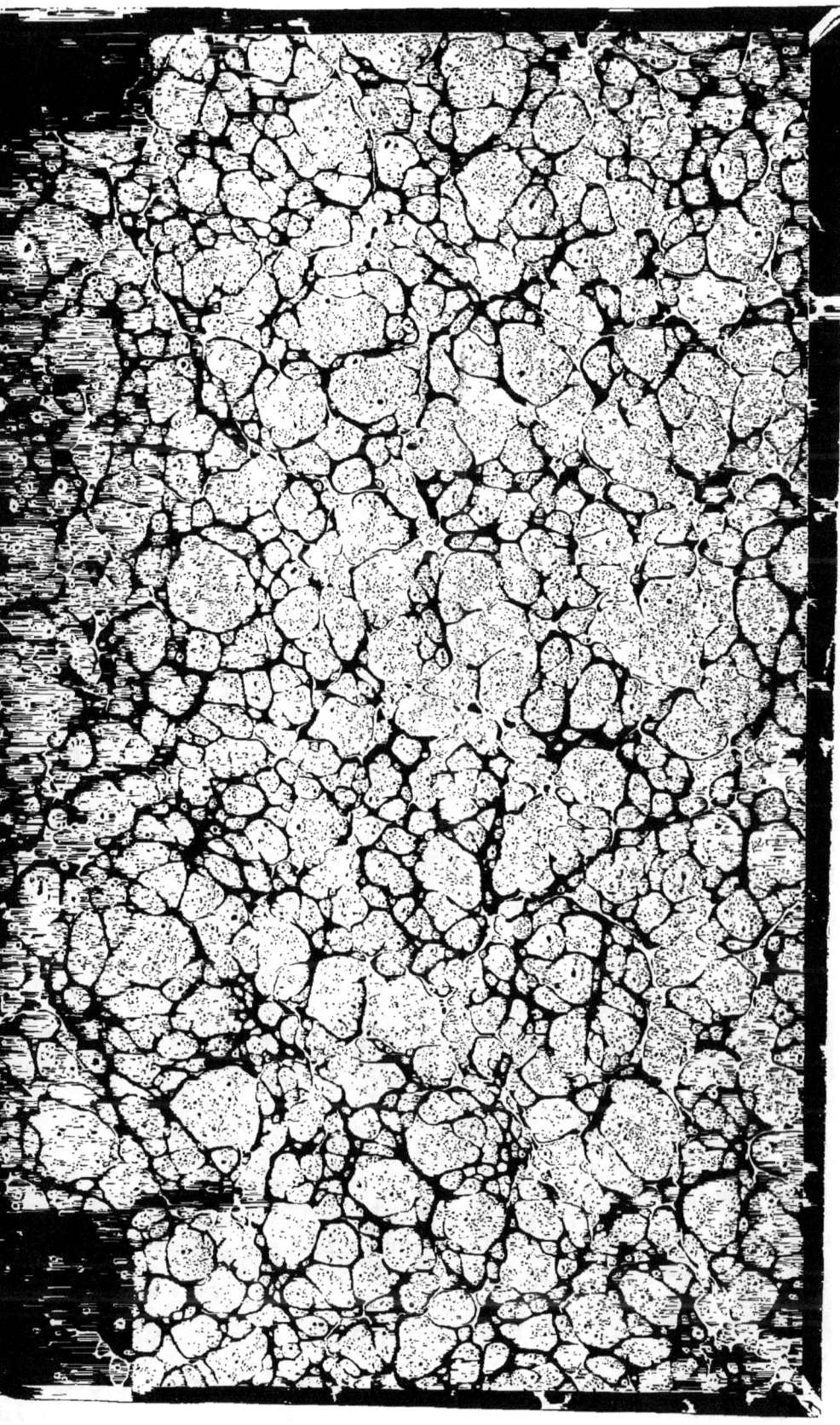

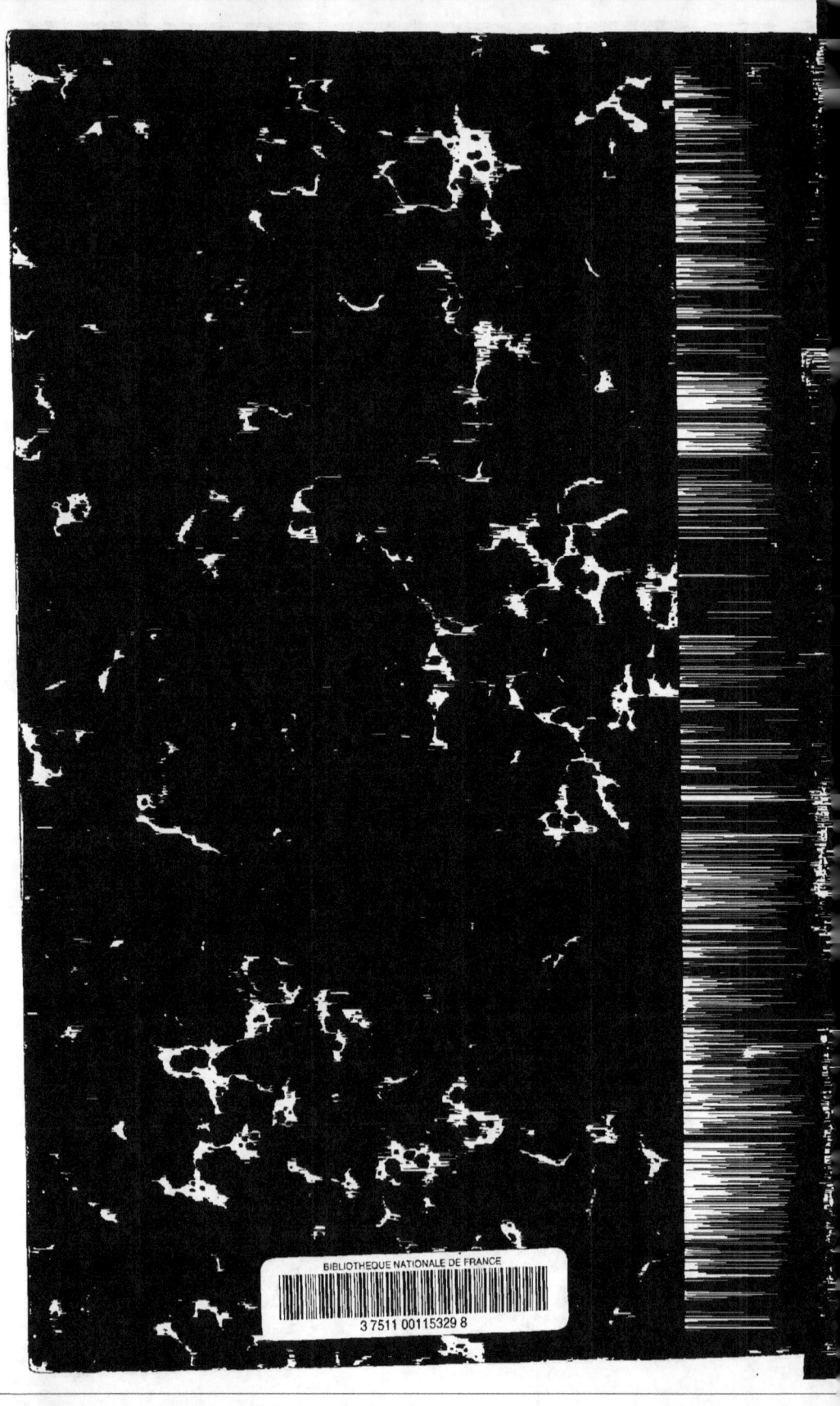